新东方日语教研组 编著

日语完全教程
单词手册
第三册

北京大学出版社
PEKING UNIVERSITY PRESS

图书在版编目(CIP)数据

日语完全教程. 单词手册. 第 3 册 / 新东方日语教研组编著. 一北京 ：北京大学出版社，2013.7
ISBN 978-7-301-22728-2
Ⅰ.①日… Ⅱ.①日… Ⅲ.①日语－词汇－水平考试－教材 Ⅳ.①H360.42
中国版本图书馆 CIP 数据核字(2013)第 143428 号

书　　　名：	日语完全教程·单词手册　第三册
著作责任者：	新东方日语教研组　编著
责 任 编 辑：	兰　婷
标 准 书 号：	ISBN 978-7-301-22728-2/H・3335
出 版 发 行：	北京大学出版社　　　　地　址：北京市海淀区成府路 205 号　100871
网　　　　址：	http://www.pup.cn　新浪官方微博：@北京大学出版社　电子信箱：lanting371@163.com
电　　　　话：	邮购部 010-62752015　发行部 010-62750672　编辑部 010-62759634　出版部 010-62754962
印　　　刷　者：	北京市科星印刷有限责任公司
经　　　销　者：	新华书店
	787 毫米×960 毫米　32 开本　3.125 印张　50 千字
	2013 年 7 月第 1 版　2025 年 5 月第 9 次印刷
定　　　　价：	18.00 元

未经许可，不得以任何方式复制或抄袭本书之部分或全部内容。
版权所有，侵权必究
举报电话：010-62752024　电子信箱：fd@pup.pku.edu.cn

前言

本书为《日语完全教程》系列教材配套的单词手册。现行的日语教材中,往往将单词内容设在课文的后面,但如此一来,学生在查阅单词时需要来回翻页,极为不便,且教材往往比较厚重,不方便随身携带,学习者很难随时随地记忆单词。考虑到这些因素,我们特意将本书设计成较小的版面。

单词编排顺序和课文中的单词出现顺序完全对应,方便学习者对照学习生词和理解课文。单词基本上都标注了声调和词性,并且动词、形容词、副词和接续词都补充了例句,例句原则上取自课文,同时兼顾实用易记的要求,进行了适当的调整。同时,为了更好地衔接初级阶段的知识,除了本册课本中的新出词汇外,我们还补充了一些初级阶段已出词汇,供学习者参考。

相信本书不仅是课本的好搭档,更会成为广大日语学习者随身相伴的良师益友。

2013年4月
编者

使用说明

本书使用以下略语来标注词性：

本书使用的略语	本书中的含义	对应其他教材	
		《标日》术语	学校语法术语
名	名詞	名词	名词
动 I	動詞 I グループ	一类动词	五段动词
动 II	動詞 II グループ	二类动词	一段动词
动 III	動詞 III グループ	三类动词	カ変动词，サ変动词
い形	い形容詞	一类形容词	形容词
な形	な形容詞	二类形容词	形容动词
连体	連体詞	连体词	连体词
疑	疑問詞	疑问词	疑问词
代	代名詞	代词	代词
感	感嘆詞	叹词	叹词
副	副詞	副词	副词
接	接続詞	连词	接续词

说明：
本书在标注声调时，采用数字 012345 进行标注，参考了『NHK 日本語発音アクセント辞典』，个别单词对应多种声调时，仅列出第 1 种。动词的声调均为基本形的声调。

P12-13 ←—— 单词在教材中出现的页数

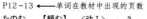

发音　写法　词性　声调　中文解释　例句

目录

第1課 …………………………………………………… 6
第2課 …………………………………………………… 12
第3課 …………………………………………………… 16
第4課 …………………………………………………… 20
第5課 …………………………………………………… 25
第6課 …………………………………………………… 30
第7課 …………………………………………………… 36
第8課 …………………………………………………… 41
第9課 …………………………………………………… 45
第10課 ………………………………………………… 49
第11課 ………………………………………………… 55
第12課 ………………………………………………… 60
第13課 ………………………………………………… 64
第14課 ………………………………………………… 68
第15課 ………………………………………………… 72
第16課 ………………………………………………… 78
第17課 ………………………………………………… 83
第18課 ………………………………………………… 87
第19課 ………………………………………………… 92
第20課 ………………………………………………… 97

P 12 - 13

もくひょう	【目標】	〈名〉	0	目标，指标	
たのむ	【頼む】	〈动Ⅰ〉	2	委托，请求	友達にスピーチを頼む。
あてさき	【宛先】	〈名〉	0	收件人的姓名、地址	
けんめい	【件名】	〈名〉	0	（邮件）主题	もう遅いので、そろそろ失礼します。
ひさしぶり	【久しぶり】	〈名〉	0	好久不见，久违	
いかが		〈副〉	2	如何	コーヒーはいかがですか。
いかがおすごしですか	【いかがお過ごですか】			您过得如何	
せんもん	【専門】	〈名〉	0	专门，专业	
たいへんな	【大変な】	〈な形〉	0	够呛，不容易	それは大変ですね。
がんばる	【頑張る】	〈动Ⅰ〉	3	加油	練習を頑張る。
げんごがく	【言語学】	〈名〉	3	语言学	
テーマ		〈名〉	1	主题，题目	

第1課

語	漢字	品詞	アクセント	意味	例文
〜ずつ			1	毎…	学生が一人ずつ発表する。
じゅんばん	【順番】	〈名〉	0	順序，轮流	
はっぴょう（する）	【発表（する）】	〈名・动III〉	0	发表	結果を発表する。
ほうげん	【方言】	〈名〉	3	方言	
たんとう（する）	【担当（する）】	〈名・动III〉	0	担任，负责	営業を担当する。
あたまにうかぶ	【頭に浮かぶ】			在脑海中浮现	先生のことが頭に浮かぶ。
おもいだす	【思い出す】	〈动Ⅰ〉	4	想起，想出	名前が思い出せない。
しらべる	【調べる】	〈动Ⅱ〉	3	查，调查，检查	インターネットで調べる。
うかがう	【伺う】	〈动Ⅰ〉	0	拜访，请教，听说（自谦）	先生のお宅へ伺います。
つごう	【都合】	〈名〉	0	方便，情况	
へんじ（する）	【返事（する）】	〈名・动III〉	0	回信，答复	お返事をお待ちしています。
しんしゅつ	【新出】	〈名〉	0	新出	
ごい	【語彙】	〈名〉	1	词汇	

第1課

P 14 - 15

じゅうよう（な）	【重要（な）】	〈な形〉	0	重要，要紧	きみに重要な話がある。
ぶんけい	【文型】	〈名〉	0	句型	
ひょうげん（する）	【表現（する）】	〈名・动III〉	3	表现，表达	うまく表現できない。
ちょくぜん	【直前】	〈名〉	0	即将…之前	
しまる	【閉まる】	〈动I〉	2	（门窗等）关上	窓が閉まる。
ちょくご	【直後】	〈名〉	1	紧接着	
しゅっぱつ（する）	【出発（する）】	〈名・动III〉	0	出发	朝8時に出発する。
ぶんかさい	【文化祭】	〈名〉	3	文化节	
はなしあう	【話し合う】	〈动I〉	4	谈话，商量	将来のことを話し合う。
かんきょう	【環境】	〈名〉	0	环境	
きょういく（する）	【教育（する）】	〈名・动III〉	0	教育，教养	新入社員を教育する。
しょうらい	【将来】	〈名〉	1	将来	
じけん	【事件】	〈名〉	1	事件，案件	
じょうほう	【情報】	〈名〉	0	消息，信息	

第1課

ことば	【言葉】	〈名〉	0	词汇
かんせい（する）	【完成（する）】	〈名・动III〉	0	完成	文を完成させる。
ばんぐみ	【番組】	〈名〉	0	节目
ほうそう（する）	【放送（する）】	〈名・动III〉	0	广播，播放	サッカーの試合を放送する。

P 16 - 17

かんれんひょうげん	【関連表現】	〈名〉	5	相关表达
つかいかた	【使い方】	〈名〉	0	使用方法
ていねいな	【丁寧な】	〈な形〉	1	很有礼貌	ていねいなあいさつをする。
じむいん	【事務員】	〈名〉	2	办事员
じじょう	【事情】	〈名〉	0	原因，状况
りゆう	【理由】	〈名〉	0	理由，缘故
せつめい（する）	【説明（する）】	〈名〉	0	说明，解释	先生に事情を説明する。
かだい	【課題】	〈名〉	0	课题，题目
けいざい	【経済】	〈名〉	1	经济
しょうかい（する）	【紹介（する）】	〈名・动III〉	0	介绍	友だちを紹介する。

第1課

かす	【貸す】	〈动Ⅰ〉	0	借出	辞書を貸す。
つく	【着く】	〈动Ⅰ〉	1	到达	うちに着く。
てつだう	【手伝う】	〈动Ⅰ〉	3	帮忙	ちょっと手伝ってください。
がんしょ	【願書】	〈名〉	1	志愿书	
チェック（する）		〈名・动Ⅲ〉	1	检查，核对	答えをチェックする。
もうしこむ	【申し込む】	〈动Ⅰ〉	4	报名，申请	試験を申し込む。
ようし	【用紙】	〈名〉	1	纸张	
るすばん	【留守番】	〈名〉	0	看家	
ひがしぐち	【東口】	〈名〉	0	东出口	
きたぐち	【北口】	〈名〉	0	北出口	
みなみぐち	【南口】	〈名〉	0	南出口	
にしぐち	【西口】	〈名〉	0	西出口	
ちゅうおうぐち	【中央口】	〈名〉	0	中央出口	

....
P 18
....

おうよう	【応用】	〈名〉	0	应用	

第1課

おせわになる	【お世話になる】			照顾, 关照	日本語学校でお世話になりました。
けれど		〈接〉		虽然, 但是, 而	読めるけれど書けない。
そうだん（する）	【相談（する）】	〈名・动III〉	0	商量	悩みを友だちに相談する。
しょくぎょう	【職業】	〈名〉	2	职业, 工作	
インタビュー（する）		〈名・动III〉	1	采访, 访问	いろいろを職業の人にインタビューする

第1課

第2課

P 20

きょか（する）	【許可（する）】	〈名・动III〉	1	许可，准许	出席を許可する。
もとめる	【求める】	〈动II〉	3	寻求	相手に許可を求める。
かおいろ	【顔色】	〈名〉	0	脸色，面色	
たいりょく	【体力】	〈名〉	1	体力	
いそぐ	【急ぐ】	〈动I〉	2	急，快走，加快	できるだけ急いでください。
たいちょうかんり	【体調管理】	〈名〉	5	健康管理	
しっかり	【しっかり】	〈副〉	3	好好儿地	しっかり頑張って下さい。

P 22 - 23

おくれる	【遅れる】	〈动II〉	0	晚到，迟到	待ち合わせに遅れる。
ちかごろ	【近頃】	〈名〉	2	近来，最近	
サボる		〈动I〉	2	逃学；旷工	学校をサボってはいけない。
チーム		〈名〉	1	队伍	
こうげき（する）	【攻撃（する）】	〈名・动III〉	0	攻击	相手を攻撃する。

おす	【押す】	〈动Ⅰ〉	0	压制，压倒	相手に押され気味だ。
えいよう	【栄養】	〈名〉	0	营养	
ふそく（する）	【不足（する）】	〈名・动Ⅲ〉	0	不足，短缺	栄養が不足している。
きんちょう（する）	【緊張（する）】	〈名・动Ⅲ〉	0	紧张	彼は緊張している。
つなぐ		〈动Ⅰ〉	0	接起来	文をつなぐ。
なまける	【怠ける】	〈动Ⅱ〉	3	懒惰，不用功，偷懒	勉強を怠ける。
ふとる	【太る】	〈动Ⅰ〉	2	胖，变胖	食べても太らない。
うつ	【打つ】	〈动Ⅰ〉	1	打，敲击	鉄は熱いうちに打て。
ひていけい	【否定形】	〈名〉	0	否定形	
りっぱな	【立派な】	〈な形〉	0	出色的，气派的	キムさんは立派な人です。
おりる	【下りる】	〈动Ⅱ〉	2	下，下来	山を下りる。
さめる	【冷める】	〈动Ⅱ〉	2	变冷，降低	みそ汁が冷めた。

・・・・・・・・・・・・・・・・・・・・・・・・・・
P 24 - 25
・・・・・・・・・・・・・・・・・・・・・・・・・・

| れんらくさき | 【連絡先】 | 〈名〉 | 0 | 联系方式 | |

第2課

第2課

もうす	【申す】	〈动I〉	1	说，叫做（自谦）	渡辺と申します。
ちょうし	【調子】	〈名〉	0	情况，状态	
すう	【吸う】	〈动I〉	0	吸（烟）	たばこを吸う。
あける	【開ける】	〈动II〉	0	打开（门窗等）	窓を開ける。
かりる	【借りる】	〈动II〉	0	借（进来）	友だちに本を借りる。
しぜんな	【自然な】	〈な形〉	0	自然，不做作	自然な声で彼女と話す。
えらぶ	【選ぶ】	〈动I〉	2	选择	いいものを選ぶ。
こたえる	【答える】	〈动II〉	3	回答	質問に答える。
きる	【着る】	〈动II〉	0	穿（衣服等）	シャツを着る。
こまる	【困る】	〈动I〉	2	为难；难办；没辙	それは困ります。
りれきしょ	【履歴書】	〈名〉	0	履历书，履历表	

··························· P 26 - 27 ···························

シフト		〈名〉	1	轮班，轮班工作时间	
ゆうがた	【夕方】	〈名〉	0	傍晚	

ふやす	【増やす】	〈动Ⅰ〉	2	増加	休みを増やす。
むかえる	【迎える】	〈动Ⅱ〉	0	迎接，欢迎	お客さんを迎えに行く。
まとめる		〈动Ⅱ〉	0	汇总，整理	レポートをまとめる。
～ぶ	【～部】	〈名〉	1	…部	
コーチ		〈名〉	1	教练	
せいせき	【成績】	〈名〉	0	成绩	
さがる	【下がる】	〈动Ⅰ〉	2	下降，降低	成績が下がってきた。
ゆるす	【許す】	〈动Ⅰ〉	2	允许，批准	彼の嘘を許す。
やめる		〈动Ⅱ〉	0	辞（职），辞去	仕事をやめる。

第2課

P 28

せんしゅ	【選手】	〈名〉	1	选手	
にほんだいひょう	【日本代表】	〈名〉	0	日本选手	
かつやく(する)	【活躍(する)】	〈名・动III〉	0	活跃，活动	世界で活躍している。
たつ	【立つ】	〈动I〉	1	站立	ここに立ってください。
リハビリ		〈名〉	0	康复训练	
くるまいす	【車椅子】	〈名〉	3	轮椅	
たいいんする	【退院する】	〈动III〉	0	出院	明日退院することになりました。

P 30 - 31

こうい	【行為】	〈名〉	1	行为，举动	
あらわす	【表す】	〈动I〉	3	表示，表达	気持ちを表す。
けいぞく(する)	【継続(する)】	〈名・动III〉	0	继续	仕事を継続する。
どうさ	【動作】	〈名〉	1	动作	
はたらく	【働く】	〈动I〉	0	工作	毎日9時から働く。

第3課

しあわせな	【幸せな】	〈な形〉	0	幸福	幸せな毎日を過ごす。
ちょくせつ	【直接】	〈副〉	0	直接	彼に直接謝ります。
まよう	【迷う】	〈动Ⅰ〉	2	迷（路）；犹豫	道に迷う。
けっか	【結果】	〈名〉	0	结果	
ねぼう（する）	【寝坊（する）】	〈名・动Ⅲ〉	0	睡懒觉，睡过头	今朝また寝坊した。
やくそく	【約束】	〈名〉	0	约定，约会	
まにあう	【間に合う】	〈动Ⅰ〉	3	赶得上，来得及	次の電車に間に合う。
しんぶんや	【新聞屋】	〈名〉	0	送报人	
たいしょう	【対象】	〈名〉	0	目标，对象	

P 32 -33

つたえる	【伝える】	〈动Ⅱ〉	0	传达，转告	客の要求を会社に伝える。
あつまる	【集まる】	〈动Ⅰ〉	3	聚集，集合	朝9時に集まる。
まことに		〈副〉	0	衷心地，真诚地	まことにありがとうございます。
たすかる	【助かる】	〈动Ⅰ〉	3	得救；省事	たいへん助かりました。
とんでもない		〈い形〉	5	哪里的话；不客气	いや、とんでもない。

第3課

きをつかう	【気をつかう】		0	担心，挂虑	相手に気をつかわせない。
おこす	【起こす】	〈动Ⅰ〉	2	叫醒，吵醒	赤ちゃんを起こす。
ちゃんと		〈副〉	0	好好儿地，认真地	ちゃんと起きるようにする。
もつ	【持つ】	〈动Ⅰ〉	1	拥有；拿；携带	大きな夢を持っている。
やっと		〈副〉	0	终于	やっとわかりました。
ぶんぽう	【文法】	〈名〉	0	文法，语法	
おしえる	【教える】	〈动Ⅱ〉	0	教，教导	友だちに日本語を教える。
ねんがじょう	【年賀状】	〈名〉	3	贺年信，贺年片	
にもつ	【荷物】	〈名〉	1	包裹，行李	
わざわざ		〈副〉	1	特地，特意	わざわざ見舞いに来る。
つれる	【連れる】	〈动Ⅱ〉	0	带，领	私も連れていってください。
おもいで	【思い出】	〈名〉	0	回忆	

....
P 34
....

ぐあい	【具合】	〈名〉	0	情况，状态	
すっかり		〈副〉	3	完全，已经	すっかり良くなった。

第3課

ボランティア		〈名〉	2	志愿者
サークル		〈名〉	1	小组，圈子，俱乐部
きょうみ	【興味】	〈名〉	1	兴趣，兴致

P 36 - 37

単語	漢字	品詞	アクセント	意味	例文
アイス		〈名〉	1	冰	
ことわる	【断る】	〈動Ⅰ〉	3	拒绝；谢绝	この仕事を断る。
きまる	【決まる】	〈動Ⅰ〉	0	决定，定下来	注文が決まる。
よぶ	【呼ぶ】	〈動Ⅰ〉	0	叫，呼叫	タクシーを呼ぶ。
のんびりする		〈動Ⅲ〉	3	悠然自得，逍遥自在	休みの日は家でのんびりする。
ホット		〈名・な形〉	1	热，热的	ホットコーヒーを飲む。
かわく	【渇く】	〈動Ⅰ〉	2	渴	のどが渇いた。
でんぴょう	【伝票】	〈名〉	0	单子，账单，发票	
パフェ		〈名〉	1	冰淇淋，冷冻果	
トースト		〈名〉	1	烤面包，吐司	
サンドイッチ		〈名〉	4	三明治	
サラダ		〈名〉	1	色拉，沙拉	
ランチセット		〈名〉	4	午餐套餐，简餐套餐	

第 4 課

第4課

P 38 - 39

こじん	【個人】	〈名〉	1	个人	
～てき	【～的】			关于，对于；…式	
おりる	【降りる】	〈动Ⅱ〉	2	下，下来	バスを降りる。
じゅく	【塾】	〈名〉	1	补习班；私塾	
けっこうな	【結構な】	〈な形〉	1	不用，不要	もう結構です。
はしる	【走る】	〈动Ⅰ〉	2	（车）开；跑	電車が走る。
まちがえる	【間違える】	〈动Ⅱ〉	4	搞错，弄错	場所を間違える。
わかれる	【別れる】	〈动Ⅱ〉	3	分手，分别	人と別れる。
トラブル		〈名〉	2	纠纷，故障	
おきる	【起きる】	〈动Ⅱ〉	2	发生	トラブルが起きる。
ひつよう（な）	【必要（な）】	〈名・な形〉	0	需要，必要	海外旅行で必要なものは何ですか。
ごうかく（する）	【合格（する）】	〈名・动Ⅲ〉	0	及格，合格	入学試験に合格する。
もんく	【文句】	〈名〉	1	抱怨，牢骚	

なる	【鳴る】	〈动I〉	0	响，发出声音	電話が鳴る。
さいばん	【裁判】	〈名〉	1	裁判，审理	
しあい	【試合】	〈名〉	0	比赛	

....
P 40 - 41
....

さそい	【誘い】	〈名〉	0	邀请；劝诱	
いる	【要る】	〈动I〉	0	要，需要	お金がいります。
おかわり(する)		〈名・动III〉	2	再来一份	おかわりはいかがですか。
まわり	【周り・回り】	〈名〉	0	周围；附近	
なっとく(する)	【納得(する)】	〈名・动III〉	0	理解，同意，认可	周りの人が納得できない。
しっぱい(する)	【失敗(する)】	〈名・动III〉	0	失败，没做好	試験に失敗する。
あやまる	【謝る】	〈动I〉	3	道歉，谢罪	先生に謝る。
いいわけ(する)	【言い訳(する)】	〈名・动III〉	0	辩解，辩白	言い訳してはいけない。
ゆびわ	【指輪】	〈名〉	0	戒指，指环	
アンケート		〈名〉	3	问卷调查，征询意见	

第4課

P 42 - 43

単語	漢字	品詞	アクセント	意味	例文
よてい	【予定】	〈名〉	0	计划，安排	
おごる		〈動Ⅰ〉	0	请客，做东	今日は私がおごります。
おちる	【落ちる】	〈動Ⅱ〉	2	落选，不及格；掉下	試験に落ちる。
しかたがない	【仕方がない】			没办法	
ざんぎょう（する）	【残業（する）】	〈名・動Ⅲ〉	0	加班	仕事が多いので残業する。
じゅんび（する）	【準備（する）】	〈名・動Ⅲ〉	1	准备	すべて準備できた。
デート		〈名〉	1	约会	
しょうたいじょう	【招待状】	〈名〉	0	请帖	
とどく	【届く】	〈動Ⅰ〉	2	送达；达到	メールが届いた。
だいじな	【大事な】	〈な形〉	0	重要的	大事なことがある。
へんしん（する）	【返信（する）】	〈名・動Ⅲ〉	0	回信，回电	はがきで返信する。
けっせき（する）	【欠席（する）】	〈名・動Ⅲ〉	0	缺席，缺课	病気で欠席する。
かこむ	【囲む】	〈動Ⅰ〉	0	围上，圈起来	答えを○で囲む。

第4課

しゅっせき(する)	【出席(する)】	〈名・动III〉	0	出席；参加	都合で出席できない。
メッセージ		〈名〉	1	留言，信息；祝辞	

第4課

第5課

P 44

単語	漢字	品詞	アクセント	意味	例文
せいり（する）	【整理（する）】	〈名・动III〉	1	整理	情報を整理する。
ガイド		〈名〉	1	指南，导读	
しゅと	【首都】	〈名〉	1	首都，首府	
ベルリン		〈名〉	0	柏林	
めんせき	【面積】	〈名〉	0	面积	
じんこう	【人口】	〈名〉	0	人口	
げんご	【言語】	〈名〉	1	语言；言语	
うまれる	【生まれる】	〈动II〉	0	出生，诞生	ワンさんは上海で生まれた。
にる	【似る】	〈动II〉	0	像，似	日本に似ている。
しき	【四季】	〈名〉	1	四季	
はっきり（する）		〈名・动III〉	3	清楚；明确	四季がはっきりしている。
くらべる	【比べる】	〈动II〉	0	比，比较，比试	力を比べる。
かんそう（する）	【乾燥（する）】	〈名・动III〉	0	干燥，干巴	空気が乾燥している。
つゆ	【梅雨】	〈名〉	0	梅雨季节，黄梅天	

つもる	【積もる】	〈动Ⅰ〉	2	积，堆积	雪が積もる。
ながれる	【流れる】	〈动Ⅱ〉	3	流淌，流动	川が流れる。
たてる	【建てる】	〈动Ⅱ〉	2	建造，建设	家を建てる。
ちゅうせい	【中世】	〈名〉	1	中世纪	
しろ	【城】	〈名〉	0	城，城堡	
めぐる	【巡る】	〈动Ⅰ〉	0	绕一圈，环绕	お城を巡る。
さらに		〈副〉	1	并且，还	さらに、ドイツは交通も便利です。
てつどう	【鉄道】	〈名〉	0	铁路	

P 46 - 47

ひかく（する）	【比較（する）】	〈名・动Ⅲ〉	0	比，比较	日本と比較する。
ゆしゅつ（する）	【輸出（する）】	〈名・动Ⅲ〉	0	出口	石油を輸出する。
いぜん	【以前】	〈名〉	1	从前	
ゆにゅう（する）	【輸入（する）】	〈名・动Ⅲ〉	0	进口	商品を輸入する。
むかし	【昔】	〈名〉	0	过去	
なみ	【波】	〈名〉	0	波浪	

第5課

うごかす	【動かす】	〈动I〉	3	动，活动；开动	体を動かす。
しゅるい	【種類】	〈名〉	1	种类	
くわえる	【加える】	〈动II〉	0	加，加上，添加	2に3を加えると5だ。
ほうちょう	【包丁】	〈名〉	0	菜刀	
にゅうがくきん	【入学金】	〈名〉	0	入学注册费	
そだつ	【育つ】	〈动I〉	2	成长，生长	彼は東京で育った。
うける	【受ける】	〈动II〉	2	接受；参加	試験を受ける。
みじかい	【短い】	〈い形〉	3	短	時間が短い。

P 48 - 49

しょっぱい		〈い形〉	3	咸	しょっぱいものが好きだ。
いれる	【入れる】	〈动II〉	0	把…放入	財布にお金を入れる。
こうさてん	【交差点】	〈名〉	3	交叉路口，十字路口	
まがる	【曲がる】	〈动I〉	0	拐弯	角を左に曲がる。
ガソリンスタンド		〈名〉	6	加油站	
まっすぐ		〈副〉	3	笔直，一直	この道をまっすぐ行きます。

第5課

かもく	【科目】	〈名〉	0	学科	
あてる	【当てる】	〈动II〉	0	猜	当ててみましょうか。
じんじゃ	【神社】	〈名〉	1	神社，庙	
きぎょう	【企業】	〈名〉	1	企业	

············ P 50 - 51 ············

なれる	【慣れる】	〈动II〉	2	习惯	日本の生活に慣れる。
だいぶ		〈副〉		相当，很	だいぶ大きくなりました。
おぼえる	【覚える】	〈动II〉	3	记住	漢字を覚える。
つづく	【続く】	〈动I〉	0	持续，继续	雨が続く。
いいかげん（な）		〈な形〉	0	敷衍，马马虎虎	最近はいいかげんになった。
じすいする	【自炊(する)】	〈名・动III〉	0	自炊，自己做饭	できるだけ自炊したほうがいい。
やるき	【やる気】	〈名〉	0	干劲	
きめる	【決める】	〈动II〉	0	决定	時間を決める。
でかける	【出かける】	〈动II〉	0	出门	町へ出かける。
スタイル		〈名〉	2	样式	

つうか	【通貨】	〈名〉	1	通貨；法定货币	
ちり	【地理】	〈名〉	1	地理	
とし	【都市】	〈名〉	1	都市，城市	
ショッピング（する）		〈名・动III〉	1	买东西，采购商品	デパートでショッピングするのが好きだ。

P 52 - 53

ゆれる		〈动II〉	0	摇晃，摇摆；晃荡，颠簸	終わらないうちに、またゆれ始めました。
じょうきょう	【状況】	〈名〉	0	情况，状况	
じょうたい	【状態】	〈名〉	0	状态，情形	
ゆれ		〈名〉	0	摇晃，晃荡，震动	
～びょう	【～秒】	〈名〉	1	…秒	
～やら（～やら）			1	等等	漫画やらCDやらが棚から落ちる。
たな	【棚】	〈名〉	0	搁板，架子	
こぼれる		〈动II〉	3	洒，洒落	飲みかけのお茶が全部こぼれている。
ふく		〈动I〉	0	擦，擦拭	机をふく。
あわてる	【慌てる】	〈动II〉	0	慌张	秘密を知られてあわてました。
ガス		〈名〉	1	煤气，瓦斯	
もとせん	【元栓】	〈名〉	0	总开关	
かじ	【火事】	〈名〉	1	火灾，失火，走火	

第6課

しまう		〈动Ⅰ〉	0	収起，放好	はさみを引き出しにしまう。
よしん	【余震】	〈名〉	0	余震	
みぎて	【右手】	〈名〉	0	右手	
おさえる	【押さえる】	〈动Ⅱ〉	3	压，摁，按	左手で棚を押さえてください。
ひだりて	【左手】	〈名〉	0	左手	
そくほう	【速報】	〈名〉	0	速报，快报	
〜く	【〜区】	〈名〉	0	…区	
しんど	【震度】	〈名〉	1	（地震）烈度	
マグニチュード		〈名〉	1	震级，级	
せいぶ	【西部】	〈名〉	1	西部	
しんげんち	【震源地】	〈名〉	3	震源地，震中	
わん	【湾】	〈名〉		湾	
えんがんぶ	【沿岸部】	〈名〉	3	沿海地区	
つなみ	【津波】	〈名〉	0	海啸；津波	
じゅうぶん	【十分】	〈副〉	3	十分，充分	津波に十分ご注意ください。
ちゅういする	【注意する】	〈动Ⅲ〉	1	小心；提醒	車に注意してください。

エレベーター		〈名〉	3	电梯	
とじこめる	【閉じ込める】	〈动Ⅱ〉	4	关在里面	エレベーターの中に閉じ込められた。
われる	【割れる】	〈动Ⅱ〉	0	破碎，破裂，分裂	コップが割れる。
ち	【血】	〈名〉	0	血，血液	
はこぶ	【運ぶ】	〈动Ⅰ〉	0	搬运	荷物を運ぶ。
おそろしさ	【恐ろしさ】	〈名〉	3	可怕，害怕	
おちつく	【落ちつく】	〈动Ⅰ〉	0	沉着，冷静	心が落ちつかない。
こうどう（する）	【行動（する）】	〈名・动Ⅲ〉	0	行动，行为	落ちついて行動できるようにしたい。
かたづける	【片付ける】	〈动Ⅱ〉	4	收拾	部屋を片付ける。

....
P 54 - 55
....

第6課

じこ	【自己】	〈名〉	1	自我	
さいてん（する）	【採点（する）】	〈名・动Ⅲ〉	0	评分数；记分	100点満点で答案を採点する。
どろ	【泥】	〈名〉	2	泥，泥巴	
ゴミばこ	【ゴミ箱】	〈名〉	0	垃圾箱	

かう	【飼う】	〈動Ⅰ〉	1	饲养	犬を飼う。
すなはま	【砂浜】	〈名〉	0	海滨沙滩	
とちゅう	【途中】	〈名〉	0	中间，中途	
ぜんぶ	【全部】	〈名〉	1	全，全部	
スニーカー		〈名〉	2	运动鞋，帆布鞋	
みせる	【見せる】	〈動Ⅱ〉	2	出示，给…看	客にメニューを見せる。
きになる	【気になる】		3	担心，挂念，放不下心	彼のことばが気になる。
あじ	【味】	〈名〉	0	味，味道	
かんかく	【感覚】	〈名〉	0	感觉	
へんな	【変な】	〈な形〉	1	奇怪，不正常	変な音がする。
あめ		〈名〉	0	糖	

P 56 - 57

| げんかん | 【玄関】 | 〈名〉 | 1 | 玄关，门厅 | |
| ならべる | 【並べる】 | 〈動Ⅱ〉 | 0 | 摆放，陈列 | 料理をテーブルに並べる。 |

第6課

ベンチ		〈名〉	1	长椅，长凳
まんなか	【真ん中】	〈名〉	0	正中间
ばめん	【場面】	〈名〉	1	场景，情景
めのまえ	【目の前】	〈名〉	3	眼前，面前
つく		〈动Ⅰ〉	1	附上，附着	この携帯電話はカメラが付いている。
かんらんしゃ	【観覧車】	〈名〉	3	观光车；摩天轮

P 58 - 59

ごめんください				有人在家吗；我可以进来吗
におい		〈名〉	2	气味
あがる		〈动Ⅰ〉	0	上，登	どうぞ、あがってください。
よういする	【用意する】	〈动Ⅲ〉	1	准备	椅子を用意する。
じっか	【実家】	〈名〉	0	父母家，老家；娘家；婆家
あむ	【編む】	〈动Ⅰ〉	1	编织	セーターを編む。

第6課

けいと	【毛糸】	〈名〉	0	毛线，绒线	
ころもがえ（する）	【衣替え（する）】	〈名・动III〉	0	换季，换装	年に二回衣替えする。
みのまわり	【身の回り】	〈名〉	0	日常生活	
ようす	【様子】	〈名〉	0	様子；情况	

P 60

きちんと		〈副〉	2	好好地,整齐地	朝ご飯を毎日きちんと食べなさい。
しじょう	【市場】	〈名〉	0	市场	
かくだい(する)	【拡大(する)】	〈名・动III〉	0	扩大;放大	写真を拡大する。
うれる	【売れる】	〈动II〉	0	畅销,好卖	この本はよく売れている。
～ぶ(ぶすう)	【～部(部数)】	〈名〉		份	
こえる	【超える】	〈动II〉	0	超过,超越	100万部を超えた。
サラリーマン		〈名〉	3	工薪人员,上班族	
やわらかい		〈い形〉	4	柔和	とてもやわらかい味です。

P 62 - 63

もと	【元】	〈名〉	0	来源	
つかまる	【捕まる】	〈动I〉	0	被捕,抓住	泥棒が警察に捕まった。
うりきれる	【売り切れる】	〈动II〉	4	售罄,全部售完	券が売り切れる。
じょゆう	【女優】	〈名〉	0	女演员	

第7課

第7課

はいゆう	【俳優】	〈名〉	0	演員
～たい～	【～対～】		1	…比…
だいひょう	【代表】	〈名〉	0	代表
かつ	【勝つ】	〈动Ⅰ〉	1	胜利，取胜　試合に勝つ。
たいかい	【大会】	〈名〉	0	大会
ぜひ		〈副〉	1	一定　ぜひ来てください。
ちかづく	【近づく】	〈动Ⅰ〉	3	挨近，靠近　台風が近づいている。
かんけい（する）	【関係（する）】	〈名・动Ⅲ〉	0	关系；关联，联系；牵连；涉及　その事件に関係している。
～しゃ	【～者】	〈名〉	1	…者，…人

.... P 64 - 65 ....

おてら	【お寺】	〈名〉	0	寺庙
そのまま			0	就那样；原封不动　聞いた話をそのまま伝える。
えんりょ（する）	【遠慮（する）】	〈名・动Ⅲ〉	0	请勿；客气；谢绝　ご遠慮ください。
ポスター		〈名〉	1	海报

くわしい	【詳しい】	〈い形〉	3	详细，熟悉	詳しい説明をします。
しんきょく	【新曲】	〈名〉	0	新曲	
だす	【出す】	〈动Ⅰ〉	1	提交	1か月に2回レポートを出す。
ていねんたいしょく	【定年退職】	〈名〉	5	退休	
うわさ		〈名〉	0	谈论；传说，传言	
インターネット		〈名〉	5	因特网	
ジーディーピー	【GDP】	〈名〉	0	国内生产总值	
ふえる	【増える】	〈动Ⅱ〉	2	増加	独身の人が増える。

P 66 - 67

しゅうしょくする	【就職する】	〈动Ⅲ〉	0	就业，找到工作	海外で就職する。
たしか	【確か】	〈副〉	1	确实，大概	たしかここに置きましたが。
ほんにん	【本人】	〈名〉	1	本人	
こんやく（する）	【婚約（する）】	〈名・动Ⅲ〉	0	婚约；订婚	あの人はもう婚約しているそうです。
まちがいない	【間違いない】			一定；没错	

第7課

第7課

うらやましい	【羨ましい】	〈い形〉	5	羨慕，眼红	田舎の生活が羨ましい。
たからくじ	【宝くじ】	〈名〉	3	彩票	
あたる	【当たる】	〈动Ⅰ〉	0	中（奖）	宝くじが当たる。
おかねもち	【お金持ち】	〈名〉	4	富翁，有钱人	
しんぱい（する）	【心配（する）】	〈名・动Ⅲ〉	0	担心	両親が子どもを心配する。
とる	【取る】	〈动Ⅰ〉	1	拿；获得	賞を取る。
たいけん（する）	【体験（する）】	〈名・动Ⅲ〉	0	体验，（亲身）经验	体験してみないとわからない。
げんこう	【原稿】	〈名〉	0	原稿，草稿	
ゾウ		〈名〉	1	大象	
にげる	【逃げる】	〈动Ⅱ〉	2	逃跑	飼い犬が逃げた。
しいく（する）	【飼育（する）】	〈名・动Ⅲ〉	0	养，饲养（家畜）	ブタを飼育する。
～がかり	【～係】	〈名〉	1	负责人	
えさ		〈名〉	2	饵食	
おり		〈名〉	2	笼，圈，栏	
さがす	【探す】	〈动Ⅰ〉	0	找，寻找	アルバイトを探す。

きゅうに	【急に】	〈副〉	0	突然	急に寒くなります。
たおす	【倒す】	〈动Ⅰ〉	2	放倒，使倒下	背もたれを倒す。
そうさく（する）	【捜索（する）】	〈名・动Ⅲ〉	0	搜索，搜寻	公園を捜索する。

第7課

P 68 - 69

ないよう	【内容】	〈名〉	0	内容	
すすめる	【勧める】	〈動II〉	0	推荐	パソコンなら、ヤマト電気のを勧める。
さそう	【誘う】	〈動I〉	0	邀请	友だちを誘う。
かかる	【かかる】	〈動I〉	2	花费（时间，金钱）	東京から大阪まで2時間かかる。
しんがくする	【進学する】	〈動III〉	0	升学	大学に進学する。
ねむい	【眠い】	〈い形〉	0	困	とても眠いので、もう寝ます。
たった～		〈副〉	0	只，仅	毎日たった30分しか勉強しない。
びっくりする		〈動III〉	3	吃惊，吓了一跳	肩をたたかれてびっくりしました。
ためす	【試す】	〈動I〉	2	试，试验，尝试；考验	もしよかったら、試してみてください。
なやみ	【悩み】	〈名〉	3	烦恼	
どのくらい		〈疑〉	0	多少	家から学校までどのぐらいかかりますか。
～つき	【～付き】		0	带，附带	

第8課

ぜい	【税】	〈名〉	0	税，捐	
～こみ	【～込み】		0	含…	

P 70 - 71

ていど	【程度】	〈名〉	1	程度，水平	
ようほう	【用法】	〈名〉	0	用法	
せんざい	【洗剤】	〈名〉	0	洗涤剂，洗衣剂，洗衣粉	
よごれ	【汚れ】	〈名〉	0	污垢；污渍；脏	
おどろく	【驚く】	〈动Ⅰ〉	3	惊讶；惊奇；惊叹，感到意外	汚れが驚くほど落ちる。
ラッシュ		〈名〉	1	高峰时间，拥挤	
あせ	【汗】	〈名〉	1	汗	
かく		〈动Ⅰ〉	1	出汗	朝のラッシュは汗をかくくらいこんでいる。
かんどうする	【感動する】	〈动Ⅲ〉	0	感动	映画を見て感動する。
うるさい		〈い形〉	3	吵闹的，嘈杂的	隣の人が遅くまで音楽を聞いていて、うるさいです。

第 8 課

ひっこす	【引っ越す】	〈动Ⅰ〉	3	搬家	駅の近くに引越す。
けむり	【煙】	〈名〉	0	烟	
たおれます	【倒れる】	〈动Ⅱ〉	3	倒下,倒塌	木が倒れる。
ゆうじん	【友人】	〈名〉	0	友人,朋友	
ざんねんな	【残念な】	〈な形〉	3	遗憾,可惜	雨が降って残念でした。

P 72 - 73

あいて	【相手】	〈名〉	3	对方,对手,对象	
シェフ		〈名〉	1	主厨	
ジェットコースター		〈名〉	4	过山车	
おすすめ		〈名〉	0	推荐	

P 74 - 75

ボイストレーニング		〈名〉	5	发声练习	
かよう	【通う】	〈动Ⅰ〉	0	上学,上班,定期往返于某地	学校へ通う。

第8課

オーディション		〈名〉	3	表演考核，试镜	
ほんき（な）	【本気（な）】	〈名・な形〉	0	真实；认真；当真；真的	本気で歌手になりたい。
たりる	【足りる】	〈动Ⅱ〉	0	足够	お皿が足りる。
はやおき	【早起き】	〈名〉	2	早起	
～さき	【～先】		0	…的地方	
にってい	【日程】	〈名〉	0	日程，每天的计划	
みやこ	【都】	〈名〉	0	首都；京城	
せんだい	【仙台】	〈名〉	1	仙台	
いず	【伊豆】	〈名〉	0	伊豆	
おきなわ	【沖縄】	〈名〉	0	冲绳	
ちば	【千葉】	〈名〉	1	千叶	

第8課

P 76

ドイツ		〈名〉	1	德国	
ヨーロッパ		〈名〉	3	欧洲	
すすめる	【進める】	〈动Ⅱ〉	0	推进；开展，进行	会話を進める。
とりあえず		〈副〉	3	暂时，姑且，首先	とりあえずビールだ。
こめ	【米】	〈名〉	2	大米	
つくる	【造る】	〈动Ⅰ〉	2	制造，创造	お酒を造る。
にほんしゅ	【日本酒】	〈名〉	0	清酒，日本酒	
～じゅう	【～中】		0	全…，整个范围内	
ちゅうもんする	【注文する】	〈动Ⅲ〉	0	订货，订购，点菜	飲み物を注文する。
アルコール		〈名〉	0	酒精，乙醇	
できる		〈动Ⅱ〉	2	建成；做好	工場ができた。
ひろがる	【広がる】	〈动Ⅰ〉	0	扩展，蔓延，传开	そこから広がった。
ロシア		〈名〉	1	俄罗斯	
ブラジル		〈名〉	0	巴西	

第 9 課

めずらしい		〈い形〉	4	少见的，珍稀的	めずらしい料理を食べたい。

P 78 - 79

おおきな	【大きな】	〈連体〉	1	大的	大きな声で話す。
だいとうりょう	【大統領】	〈名〉	3	总统	
さんそ	【酸素】	〈名〉	1	氧	
ふくむ	【含む】	〈动Ⅰ〉	2	带有，含有，包括	いろんなものが含まれている。
いろんな		〈連体〉	0	各种各样的	いろんな国のテレビ番組が見られる。
かくにんする	【確認する】	〈动Ⅲ〉	0	确认	出発時間を確認する。
わだい	【話題】	〈名〉	0	话题	
しょくどう	【食堂】	〈名〉	0	食堂	
ラーメン		〈名〉	1	（日式）拉面	
あげる		〈动Ⅱ〉	0	举例，列举	例を挙げて説明しましょう。
クラスメイト		〈名〉	4	同班同学，同学	

第9課

第9課

P 80 - 81

うみづり	【海づり】	〈名〉	0	海钓	
パーマをかける				烫发	
びよういん	【美容院】	〈名〉	2	理发店	
しぶや	【渋谷】	〈名〉	0	涩谷	
くりかえす	【繰り返す】	〈动Ⅰ〉	3	反复；重复	発音の練習を繰り返す。
ジーンズ（ジーパン）		〈名〉	1	牛仔裤	
こんど	【今度】	〈名〉	1	下次	
かぜをひく	【風邪をひく】			感冒	
～せん	【～線】	〈名〉	1	…线，路线	

P 82 - 83

オーストラリア		〈名〉	5	澳大利亚	
ニュージーランド		〈名〉	5	新西兰	
やくだつ	【役立つ】	〈动Ⅰ〉	3	有用，有益，有帮助	就職に役立つ。

みぢかな	【身近な】	〈な形〉	0	切身；身边	彼は私にとって身近な存在です。
ただしい	【正しい】	〈い形〉	3	正确	正しいものを選んでください。
てんすう	【点数】	〈名〉	3	分数；比分	
はやる		〈动Ⅰ〉	2	流行	テレビではやっている言葉だ。
ほとんど		〈副〉	2	大部分，几乎	ほとんど何でも食べられるようになりました。
わかもの	【若者】	〈名〉	0	年轻人，青年	
まち	【街】	〈名〉	2	大街，街市	
ぜんこく	【全国】	〈名〉	1	全国（各地）	
ひろめる	【広める】	〈动Ⅱ〉	3	传播；弘扬；普及；推广	中国の文化を世界中に広める。
やくす	【訳す】	〈动Ⅰ〉	2	翻译	日本語を中国語に訳してください。
せんでん（する）	【宣伝（する）】	〈名・动Ⅲ〉	0	宣扬，散布	みんなに宣伝するための原稿を書く。
イメージ（する）		〈名・动Ⅲ〉	2	形象；面容；印象	目の前にないものをイメージする。
じんぶつ	【人物】	〈名〉	1	人，人物	
めしあがる	【召し上がる】	〈动Ⅰ〉	4	吃，喝（尊敬）	どうぞ召し上がってください。

P 84 - 85

おとこっぽい	【男っぽい】		5	(性格) 像男人一样的	
せいかく	【性格】	〈名〉	0	性格	
びょうしゃ (する)	【描写 (する)】	〈名・动III〉	0	描写，描述	この小説は風景を上手に描写している。
とくぎ	【特技】	〈名〉	1	特长	
ピアノ		〈名〉	0	钢琴	
たいする	【対する】	〈动III〉	3	对…，对待…	
スノーボード		〈名〉	4	滑雪板	
ピーアール	【PR】	〈名〉	5	宣传	
だんせい	【男性】	〈名〉	0	男性	
あかるい	【明るい】	〈い形〉	0	开朗	わたしの友だちは明るいです。
ちょうじょ	【長女】	〈名〉	1	长女，大女儿	
おさない	【幼い】	〈い形〉	3	幼，幼小，幼年	幼いときからピアノを習ってきた。

49

めんどう（な）	【面倒（な）】	〈名・な形〉	3	麻烦，费事	ちょっと面倒なことになった。
（めんどうを）みる	【（面倒を）見る】	〈动Ⅱ〉	1	照料	弟たちの面倒を見る。
（せわを）やく	【（世話を）焼く】	〈动Ⅰ〉	0	好帮助人	友達に対しても世話を焼く。
はんばい（する）	【販売（する）】	〈名・动Ⅲ〉	0	销售，出售	新しい商品を販売する。
サービス		〈名〉	1	服务	
～ぎょう	【～業】	〈名〉		职业，行业	
ぜったいに	【絶対に】	〈副〉	0	绝对	絶対に途中で入ってはいけません。
むく	【向く】	〈动Ⅰ〉	0	适合，对路	自分に向いている。
じしん	【自信】	〈名〉	0	自信	
きぼう（する）	【希望（する）】	〈名・动Ⅲ〉	0	希望，期望，愿望	
しょくしゅ	【職種】	〈名〉	0	工作种类	
ふくめる	【含める】	〈动Ⅱ〉	3	包含，包括	Aさんを含めて、兄弟は全部で何人か。
きょうだい	【兄弟】	〈名〉	1	兄弟姐妹	

第10課

P 86 - 87

おこる	【怒る】	〈动Ⅰ〉	2	发怒，生气	彼はよく怒る。
あつい	【熱い】	〈い形〉	2	发热，烫	体が熱い。
ぼうっと		〈副〉	0	模糊；发呆	頭がぼうっとしている。
ていきけん	【定期券】	〈名〉	3	定期乘车票，月票	
さいふ	【財布】	〈名〉	0	钱包	
あれだけ			0	那样，那么	
けいたいでんわ	【携帯電話】	〈名〉	5	手机	
シンガポール		〈名〉	4	新加坡	
だって		〈接〉	1	因为；可是	仕事に行くって？だって、休むって言ってたじゃない。
ルール		〈名〉	1	规则	
ちゃいろい	【茶色い】	〈い形〉	0	褐色	スタットさんの帽子は茶色いのです。
おうべいじん	【欧米人】	〈名〉	3	欧美人；西洋人	
つむ	【積む】	〈动Ⅰ〉	0	堆积，积垒	本が山のように積んでいる。

第10課

おかし	【お菓子】	〈名〉	2	点心，零食	
かたい	【固い】	〈い形〉	0	硬，凝固	このお菓子は固いです。

P 88 - 89

ボタン		〈名〉	0	按钮，纽扣	
とれる	【取れる】	〈动Ⅱ〉	2	脱落，掉下	ボタンが取れる。
うれしい	【うれしい】	〈い形〉	3	高兴的，愉快的	プレゼントをもらってうれしいです。
くらい	【暗い】	〈い形〉	0	黑暗	夜道は暗いです。
きのつよい	【気の強い】		4	刚强；刚毅；倔强	彼女は気の強い人だ。
きのよわい	【気の弱い】		4	懦弱；怯懦	彼は気の弱い人だ。
ゆうじゅうふだん	【優柔不断】	〈名・な形〉	0	优柔寡断	優柔不断な人が嫌いだ。
すてきな	【素敵な】	〈な形〉	0	极好，绝妙，漂亮	キムさんはすてきです。
かなしい	【悲しい】	〈い形〉	0	伤心，悲伤	ペットが死んで悲しいです。
さみしい（さびしい）		〈い形〉	3	寂寞	友だちがいないので寂しい。
しょうかいする	【紹介する】	〈动Ⅲ〉	0	介绍	友だちを紹介する。
つく		〈动Ⅰ〉	1	说出	彼はうそをつかない。

第10課

おとしより	【お年寄り】	〈名〉	4	老人	
ゆずる	【譲る】	〈動Ⅰ〉	0	让给，转让	お年寄りに席を譲る。
とうがらし	【唐辛子】	〈名〉	3	辣椒	
とじる	【閉じる】	〈動Ⅱ〉	2	合上，闭上	目を閉じる。
むく	【向く】	〈動Ⅰ〉	0	向，朝，对	彼女は何も言わないで、下を向いている。
しまい	【姉妹】	〈名〉	1	姐妹；姊妹	

....
P 90 - 91
....

しょうぼうし	【消防士】	〈名〉	3	消防队员	
あきっぽい	【飽きっぽい】	〈い形〉	4	没常性	
ちじん	【知人】	〈名〉	0	相识；熟人	
～め	【～目】			第…	
めんせつ	【面接】	〈名〉	0	面试	
アピール（する）		〈名・動Ⅲ〉	2	宣传	仕事で自分の能力をアピールする。
しゅっしんち	【出身地】	〈名〉	3	出生地，籍贯	

ねんれい	【年齢】	〈名〉	0	年龄，岁数
せいねんがっぴ	【生年月日】	〈名〉	5	出生年月日
がくれき	【学歴】	〈名〉	0	学历
しょくれき	【職歴】	〈名〉	0	职业经历，资历
のうりょく	【能力】	〈名〉	1	能力

第10課

P 92

ていいん	【定員】	〈名〉	0	定员,定额,规定的人数	
しめきる	【しめ切る】	〈动Ⅱ〉	3	限定,截止	定員になり次第しめ切らせていただきます。
てきかくな	【的確な】	〈な形〉	0	准确的,适当的	必要な情報を的確に理解できる。
イベント		〈名〉	0	集会,(文娱)活动	
いかす		〈动Ⅰ〉	2	活用,有效地利用,发挥	日本語をいかして、日本の企業で働きたい。
しゅさい(する)	【主催(する)】	〈名・动Ⅲ〉	0	主办;举办	コンサートを主催する。
かぶしきがいしゃ(かぶ)	【株式会社(株)】	〈名〉	5	股份公司,股份有限公司	
セミナー		〈名〉	1	研讨会	
しゅうしょく(する)	【就職(する)】	〈名・动Ⅲ〉	0	就职,找到工作	海外で就職する。
たいじょう(する)	【退場(する)】	〈名・动Ⅲ〉	0	退席,退场	途中退場できる。
ホール		〈名〉	1	大堂,大厅	

第11課

せつめいかい	【説明会】	〈名〉	3	说明会	
おこなう	【行う】	〈動Ⅰ〉	0	举行，进行	入学式を行う。
とうじつ	【当日】	〈名〉	0	当天	
じっさい（に）	【実際（に）】	〈名・副〉	0	实际	実際にやってみて驚いた。
みなさま	【皆様】	〈名〉	2	大家（敬称）	
もうける	【設ける】	〈動Ⅱ〉	3	准备；设置	質問をしていただく時間を設ける。
さんか（する）	【参加（する）】	〈名・動Ⅲ〉	0	参加	弁論大会に参加する。
ひよう	【費用】	〈名〉	1	费用，开支，经费	
おうぼ（する）	【応募（する）】	〈名・動Ⅲ〉	0	应募，报名参加	セミナーに応募する。
ほうほう	【方法】	〈名〉	0	方法	
れんらく（する）	【連絡（する）】	〈名・動Ⅲ〉	0	联络	学校に連絡する。
たいしょうしゃ	【対象者】	〈名〉	3	对象	
こうし	【講師】	〈名〉	1	讲师；演讲者	
りかい（する）	【理解（する）】	〈名・動Ⅲ〉	1	理解	内容を理解する。

P 94 - 95

きまり	【決まり】	〈名〉	0	规定；确定下来的事情	
ちょうしょく	【朝食】	〈名〉	0	早餐	
がいしゅつ（する）	【外出（する）】	〈名・动III〉	0	出门，出外，外出	小林は今外出中です。
～ちゅう	【～中】			正在…	
もどる	【戻る】	〈动I〉	2	返回，回到	学校へ戻る。
じむしつ	【事務室】	〈名〉	2	办公室	
おとす	【落とす】	〈动I〉	2	使掉落，扔下	お金を落とす。
てん	【点】	〈名〉	0	点，方面	
オリンピック		〈名〉	4	奥运会，奥林匹克	
おくがい	【屋外】	〈名〉	2	室外；露天	
イルカ		〈名〉	0	海豚	
ショー		〈名〉	1	表演，陈列	
たいせつな	【大切な】	〈な形〉	0	重要的，珍贵的	この写真を大切にしています。

第11課

まける	【負ける】	〈动II〉	0	输；屈服，示弱	だれにも負けない。

P 96 - 97

しゅつじょう (する)	【出場 (する)】	〈名・动III〉	0	出场，参加	次のオリンピックに出場することになった。
どうきゅうかい	【同級会】	〈名〉	3	同学会	
みつける	【見つける】	〈动II〉	0	看到，找到	書いてある内容を見つける。
しゅつえん (する)	【出演 (する)】	〈名・动III〉	0	演出；出场，登台	テレビに出演する。
ぼしゅう	【募集】	〈名〉	0	招募，募集，招人	
にちじ	【日時】	〈名〉	1	日期和时间	
しかく	【資格】	〈名〉	0	资格；身分	
ひっちゃく	【必着】	〈名〉	0	必须送到；一定送到	
といあわせ	【問い合わせ】	〈名〉	0	打听，询问，查询	
じこう	【事項】	〈名〉	1	事项，项目	
ひきおとし	【引き落とし】	〈名〉	0	转账	
かわる	【変わる】	〈动I〉	0	变化	場所が変わる。

第11課

ふ〜	【不〜】	〈名〉	0	不…	
しゅうごう（する）	【集合（する）】	〈名・动III〉	0	集合	新宿駅に集合してください。

....
P 98
....

〜ごうかん	【〜号館】	〈名〉		…号馆	
じゆう（な）	【自由（な）】	〈名・な形〉	2	自由；随意；随便；任意	自由に帰っていい。
グラウンド		〈名〉	0	运动场，球场，操场，广场	
そつぎょうしき	【卒業式】	〈名〉	3	毕业典礼	
しばらく		〈副〉	2	一会儿，许久	しばらく待ってください。
にゅうしつ（する）	【入室（する）】	〈名・动III〉	0	进入室内；入室	部屋に入室する。

第11課

第12課

P 100 - 101

たちば	【立場】	〈名〉	1	立场；处境	
けってい(する)	【決定(する)】	〈名・动III〉	0	决定	目標が決定する。
いけん	【意見】	〈名〉	1	意见，建议	
すぐに		〈副〉	1	马上，立刻	すぐに書きます。
しゅうまつ	【週末】	〈名〉	0	周末	
さいしょ	【最初】	〈名〉	0	最初	
ふあん(な)	【不安(な)】	〈名・な形〉	0	不安，不放心，担心	最初は少し不安だった。
さんせい(する)	【賛成(する)】	〈名・动III〉	0	赞成，赞同；同意	この意見に賛成です。
はんたい(する)	【反対(する)】	〈名・动III〉	0	反对	上司の意見に反対する。
たとえ		〈副〉	3	即便；哪怕	たとえ天気が悪くても行かなければならない。
もし		〈副〉	1	如果，要是	もし欲しくなかったら、買わなくてもいい。
けんしゅうせい	【研修生】	〈名〉	3	进修生；劳务输出人员	

P 102 - 103

とかい	【都会】	〈名〉	0	都市，城市	
かならず	【必ず】	〈副〉	0	一定，必定	休む時は必ず電話で連絡してください。
しゅじゅつ	【手術】	〈名〉	1	手术	
せいこう（する）	【成功（する）】	〈名・动III〉	0	成功	ダイエットに成功する。
あんしん（する）	【安心（する）】	〈名・动III〉	0	放心，安心	親に電話して安心させる。
やちん	【家賃】	〈名〉	1	房租	
じしん	【地震】	〈名〉	0	地震	
こわれる	【壊れる】	〈动II〉	3	坏，损坏	機械が壊れる。
カンニング（する）		〈名・动III〉	0	作弊	カンニングしてはいけない。
じょうし	【上司】	〈名〉	1	上司	
やっぱり		〈副〉	3	还是，果然	雨の日の公園はやっぱり人が少ない。
だめな		〈な形〉	2	不行，不好，白费	だめなことはだめです。

第12課

P 104

はんにん	【犯人】	〈名〉	1	犯人，罪人
かたち	【形】	〈名〉	0	形，形状
けつろん	【結論】	〈名〉	0	结论
キャンパス		〈名〉	1	(大学的) 校园
きょうじゅ	【教授】	〈名〉	0	教授
たいいくかい	【体育会】	〈名〉	0	(学生会) 体育部
なぜなら		〈接〉	1	因为，原因是
～がくぶ	【～学部】	〈名〉	0	院；系

この大学はとてもいいと思います。なぜなら、とても広くて有名だからです。

P 106 - 107

しこく	【四国】	〈名〉	0	(日本) 四国地区
こうち	【高知】	〈名〉	1	高知県 (地名)
クジラ		〈名〉	0	鲸，鲸鱼

第12課

カヌー		〈名〉	1	皮艇；独木舟	
やったー		〈感〉	3	太好了！真棒！	
はなしかける	【話しかける】	〈动II〉	5	跟人说话，搭话，攀谈	知らない人に話しかけられた。
こくはく(する)	【告白(する)】	〈名・动III〉	0	表白，坦白	彼女に告白する。
こわい	【怖い】	〈い形〉	2	可怕，害怕	へびが怖いです。
いやな	【嫌な】	〈な形〉	2	讨厌的，厌烦的	仕事が嫌になる。
つきあう	【付き合う】	〈动I〉	3	交往，交际	二人は長い間付き合ってきた。
このまま		〈名〉	0	就这样	

第12課

P 108 - 109

であい	【出会い】	〈名〉	0	遇见；相遇	
ものごと	【物事】	〈名〉	2	事物	
かち	【価値】	〈名〉	1	价值	
うかる	【受かる】	〈动Ⅰ〉	2	考中，考上，及格	先生のおかげで大学に受かった。
しょくいんしつ	【職員室】	〈名〉	3	职员办公室	
ある〜			1	某…	ある日のことでした。
きしゃ	【記者】	〈名〉	1	记者	
マスコミ		〈名〉	0	大众传播学；新闻媒体	
もり	【森】	〈名〉	0	森林	
さいこう（な）	【最高（な）】	〈名・な形〉	0	最好，最高	暑い日はビールが最高です。
はげます	【励ます】	〈动Ⅰ〉	3	鼓励，激励	選手たちを励ます。
あっというま	【あっという間】	〈名〉	0	一瞬间，转眼之间	
けいけん	【経験】	〈名〉	0	经验，经历	

第13課

ちかう	【誓う】	〈动Ⅰ〉	0	宣誓，发誓	絶対に忘れまいと誓った。
きょうし	【教師】	〈名〉	1	教师，教员	
いままで	【今まで】	〈副〉	3	至今为止	今まで一度も欠席したことがない。
じんせい	【人生】	〈名〉	1	人生	

P 110 - 111

たにん	【他人】	〈名〉	0	别人，外人，陌生人	
くちをきく	【口をきく】			说话	親に対してそんな口をきくんじゃない。
しみん	【市民】	〈名〉	1	市民	
おとなしい		〈い形〉	4	老实的，听话的	彼はおとなしい人だ。
テーマパーク		〈名〉	4	主题公园	
こしょう	【故障】	〈名〉	0	故障	
なおす	【直す】	〈动Ⅰ〉	2	修理，修改	自転車を直す。
にどと	【二度と】	〈副〉	2	再也（不）…	もう二度と行くまい。

第13課

こころ	【心】	〈名〉	3	心；内心	
ぬすむ	【盗む】	〈動Ⅰ〉	2	偷，偷盗	財布を盗む。
なく	【泣く】	〈動Ⅰ〉	0	哭泣	赤ちゃんが泣く。

P 112 - 113

はれる	【晴れる】	〈動Ⅱ〉	2	放晴，晴天	先週の日曜日は晴れていた。
ハンバーガー		〈名〉	3	汉堡包	
じゅうだいな	【重大な】	〈な形〉	0	重大；重要；严重	重大な責任がある。
かなり		〈副〉	1	相当，非常	かなり読めるようになった。
ひじょうに	【非常に】	〈副〉	0	非常，特别，紧急	非常に困った。
もっとも	【最も】	〈副〉	3	最，顶…	それは彼の作品のうちで最もすぐれているものです。
なかなか		〈副〉	0	很，非常，相当	なかなかおいしい。
なくなる	【亡くなる】	〈動Ⅰ〉	0	去世，逝世	亡くなった祖父からもらった。
そふ	【祖父】	〈名〉	1	祖父，外祖父	
ただの		〈名〉	1	普通；平常	

こし	【腰】	〈名〉	0	腰	
じきゅう	【時給】	〈名〉	0	时薪	
いしゃ	【医者】	〈名〉	0	医生	
じゆうか	【自由化】	〈名〉	0	自由化，放开限制	
～か	【～化】	〈名〉	0	…化	
～じょう	【～場】	〈名〉	0	…场	

P 114 - 115

タイプ		〈名〉	1	型，型式，类型	
かっこういい	【格好いい】	〈い形〉	5	帅，棒	彼は格好いいですね。
かんじる	【感じる】	〈动Ⅱ〉	0	感觉，觉得	あなたはどう感じるか。

P 116 - 117

単語	漢字	品詞	アクセント	意味	例文
アドバイス		〈名〉	1	建议	
そうだんしゃ	【相談者】	〈名〉	3	咨询者	
すぐれる	【優れる】	〈动Ⅱ〉	3	出色，优秀；卓越，精湛	彼は体力に優れている。
いりょう	【医療】	〈名〉	1	医疗	
ぎじゅつ	【技術】	〈名〉	1	技术	
まなぶ	【学ぶ】	〈动Ⅰ〉	0	学习，学；掌握	日本の優れた医療技術を学びたい。
にゅういん（する）	【入院（する）】	〈名・动Ⅲ〉	0	住院	病院に入院する。
つく		〈动Ⅰ〉	1	跟随；服侍，照料	あとについて発音してください。
さらいねん	【再来年】	〈名〉	0	后年	
ビザ		〈名〉	1	签证	
きげん	【期限】	〈名〉	1	期限；时效	
きれる	【切れる】	〈动Ⅱ〉	2	到期；用尽	ビザの期限が切れてしまう。
アドバイザー		〈名〉	3	顾问，劝告者	

第14課

しゅうちゅう（する）	【集中（する）】	〈名・动III〉	0	集中	勉強に集中できない。
ゆめ	【夢】	〈名〉	2	理想；梦	
あきらめる		〈动II〉	4	断念，死心；罢手，看开	留学をあきらめて上海の大学へ行く。
すがた	【姿】	〈名〉	1	形象；面貌；姿势	
よろこぶ	【喜ぶ】	〈动I〉	3	喜悦，欣然接受	この花をあげたら、彼女はきっと喜ぶ。

P 118 - 119

むり（な）	【無理（な）】	〈名・な形〉	1	勉強，强迫	無理に飲まなくてもいい。
しょうじき（な）	【正直（な）】	〈名・な形〉	3	老实，诚实	正直に話せば許してくれる。
〜さつ（おさつ）	【〜札（お札）】	〈名〉	0	纸币，钞票	
プロ		〈名〉	1	专业（的），职业	
ピアニスト		〈名〉	3	钢琴家	
すいぞくかん	【水族館】	〈名〉	3	水族馆	
きゅうよう	【急用】	〈名〉	0	紧急的事情	
（ねつが）でる	【（熱が）出る】			发（烧）	

第14課

うんどうぶそく	【運動不足】	〈名〉	5	运动不足	

P 120 - 121

がいしょく(する)	【外食(する)】	〈名・动III〉	0	在外吃饭	外食するより、自炊したほうがいいと思う。
がめん	【画面】	〈名〉	1	画面; 场面	
ティーシャツ	【Tシャツ】	〈名〉	0	T恤	
ふつう	【普通】	〈名〉	0	普通,一般	
しょるい	【書類】	〈名〉	0	文件	
こい	【濃い】	〈い形〉	1	(颜色)深;浓	濃いえんぴつでしっかり書こうと思う。
しゅうごうじかん	【集合時間】	〈名〉	5	集合时间	
おひる	【お昼】	〈名〉	2	午餐	
トンカツ		〈名〉	0	炸猪排	

P 122 - 123

じつは	【実は】	〈副〉	2	实际上,其实	実は、あれは嘘です。
ただ		〈副〉	1	仅,只	ただ聞いてみただけです。

つづける	【続ける】	〈动Ⅱ〉	0	継続	勉強を続ける。
しかた	【仕方】	〈名〉	0	做法,办法	
～きゅう	【～級】	〈名〉	0	级,等级	
もういちど	【もう一度】	〈副〉	0	再一次	もう一度お願いします。
すうがく	【数学】	〈名〉	0	数学	

第14課

P 124 - 125

げんざい	【現在】	〈名〉	1	现在；目前	
ちほう	【地方】	〈名〉	2	地方，地区	
よそく（する）	【予測（する）】	〈名・动III〉	0	预测	地震を予測する。
よほう	【予報】	〈名〉	0	预报	
じかんたい	【時間帯】	〈名〉	0	时区，(特定某段) 时间	
ききとる	【聞き取る】	〈动I〉	3	听见；听懂	言うことがよく聞き取れなかった。
さくや	【昨夜】	〈名〉	2	昨晚，昨夜	
きゅうしゅう	【九州】	〈名〉	1	九州（地名）	
じょうりく（する）	【上陸（する）】	〈名・动III〉	0	登陆	台風が上陸する。
つうか（する）	【通過（する）】	〈名・动III〉	0	通过，经过	台風10号は中部地方を通過中です。
すすむ	【進む】	〈动I〉	0	前进，进展	台風がゆっくり東に進む。
ちゅうしん	【中心】	〈名〉	0	中心	

第15課

かんとう	【関東】	〈名〉	1	关东（地区）	
ぜんいき	【全域】	〈名〉	0	整个地区；整个领域	
こううりょう	【降雨量】	〈名〉	3	降雨量	
ひがしにほん	【東日本】	〈名〉	5	東日本（日本东半部地区）	
たいへいようがわ	【太平洋側】	〈名〉	0	（日本）太平洋沿岸地区	
～がわ	【～側】	〈名〉	0	四周，周围	
～ミリ		〈名〉	1	毫升，毫米	
おそれがある	【恐れがある】			担心，恐怕	
たかなみ	【高波】	〈名〉	0	大浪，高浪	
ていち	【低地】	〈名〉	0	低地；洼地	
かせん	【河川】	〈名〉	1	河川	
ぞうすい（する）	【増水（する）】	〈名・动III〉	0	水量增加，涨水	河川が増水したりするかもしれない。
～ごう	【～号】	〈名〉	0	…号	

単語	漢字	品詞	アクセント	意味	例文
〜おき	【〜沖】	〈名〉	0	洋面；海上	
ぬける	【抜ける】	〈动II〉	0	穿过	ここを抜けていこう。
ていきあつ	【低気圧】	〈名〉	3	低气压	
おんたいていきあつ	【温帯低気圧】	〈名〉	7	温带低气压	
こんごとも	【今後とも】	〈副〉	0	今后，以后，将来，从此以后	今後とも台風情報に注意してください。
おんたいきこう	【温帯気候】	〈名〉	5	温带气候	
はっせい（する）	【発生（する）】	〈名・动III〉	0	发生	事件が発生する。
ちゅうぶちほう	【中部地方】	〈名〉	4	（日本）中部地区	
おこる	【起こる】	〈动I〉	2	起，发生，闹	地震が起こる可能性がある。
かのうせい	【可能性】	〈名〉	0	可能性，可能	

P 126 - 127

単語	漢字	品詞	アクセント	意味
はんい	【範囲】	〈名〉	1	范围，界限
ぜんたい	【全体】	〈名〉	0	全体
〜だい	【〜代】	〈名〉	1	年过…的人（年龄范围）

第15課

とうほくちほう	【東北地方】	〈名〉	5	(日本) 东北地区	
こっせつ(する)	【骨折(する)】	〈名・动III〉	0	骨折	足を骨折する。
レントゲン		〈名〉	0	X光线	
スピード		〈名〉	0	速度	
じゅうたい	【渋滞】	〈名〉	0	堵车,停滞不前	
げんいん	【原因】	〈名〉	0	原因	
ほうる	【放る】	〈动I〉	0	不加理睬;弃置不顾	そんな面倒なことはほうっておこう。
くもる	【曇る】	〈动I〉	2	(天) 阴	午後から曇る。
るす	【留守】	〈名〉	1	看家;不在家	
ペットボトル		〈名〉	4	塑料瓶	
プラスチック		〈名〉	4	合成树脂;塑料	
わける	【分ける】	〈动II〉	2	分类,区别	ちゃんと分けて袋に入れる。
ひとまえ	【人前】	〈名〉	0	人前,众人面前	
おと	【音】	〈名〉	2	声音	

第15課

第15課

P 128 - 129

まちがいなく	【間違いなく】	〈副〉	5	一定，务必，没错	ワンさんは間違いなく来るはずです。
たぶん	【多分】	〈副〉	1	大概，可能	たぶん交通費が高いです。
ひょっとすると・ひょっとしたら		〈副〉	0	或许，也许	ひょっとすると雨になるかもしれない。
つかいわける	【使い分ける】	〈动II〉	5	分开使用，适当地使用，灵活运用	人を見て言葉を使い分ける。
たかさ	【高さ】	〈名〉	1	高度	
じぶん	【自分】	〈名〉	0	自己	
データ		〈名〉	1	数据，资料	
わすれっぽい	【忘れっぽい】	〈い形〉	5	健忘的	わたしは忘れっぽくて困る。
まちあわせ	【待ち合わせ】	〈名〉	0	等候，约会，碰头	

P 130 - 131

しんろ	【進路】	〈名〉	1	前进的道路	
つく	【就く】	〈动I〉	1	就，从事	どんな仕事に就きたいのか。

せんこう(する)	【専攻(する)】	〈名・動Ⅲ〉	0	专攻,专修	日本文学を専攻する。
まったく	【全く】	〈副〉	0	完全,全部	これとそれはまったく関係がない。
ひらく	【開く】	〈動Ⅰ〉	2	开,开始	将来レストランを開きたい。
ちょうり(する)	【調理(する)】	〈名・動Ⅲ〉	1	烹调,烹任,做(菜),煮菜	肉をやわらかく調理する。
せんもんがっこう	【専門学校】	〈名〉	5	(高等)职业学校	
しゃかいもんだい	【社会問題】	〈名〉	4	社会问题	

P 132

じだい	【時代】	〈名〉	0	时代；当代，现代	
へんか (する)	【変化 (する)】	〈名・动III〉	1	变化，变更	状況が変化する。
とまる	【泊まる】	〈动Ⅰ〉	0	投宿，过夜	ホテルに泊まる。
やど	【宿】	〈名〉	1	旅馆，旅店，宿	
りょかん	【旅館】	〈名〉	0	旅馆	
くさつ	【草津】	〈名〉	0	草津（地名）	
そうぎょう (する)	【創業 (する)】	〈名・动III〉	0	创业，创立	ジャパン電気を創業した。
じまん (する)	【自慢 (する)】	〈名・动III〉	0	引以为豪，自夸	長い歴史を自慢する。
ろてんぶろ	【露天風呂】	〈名〉	4	露天浴场	
ライトアップ (する)		〈名・动III〉	4	(打上) 灯光	ライトアップされた桜は美しい。
こうよう (する)	【紅葉 (する)】	〈名・动III〉	0	红叶，霜叶	山々が紅葉した。
プラン		〈名〉	1	计划，方案	
しょうさい	【詳細】	〈名〉	0	详细	
かが	【加賀】	〈名〉	1	加贺（地名）	

第16課

びじん	【美人】	〈名〉	1	美人，美女，佳丽	
ゆ	【湯】	〈名〉	1	开水；温泉	
おとずれる	【訪れる】	〈动Ⅱ〉	4	访问，过访	毎日たくさんの人が訪れるようになった。
みなと	【港】	〈名〉	0	港口	
しょくざい	【食材】	〈名〉	0	食品材料	
へいじつ	【平日】	〈名〉	0	工作日，平时	
まつ	【松】	〈名〉	1	松树	
～そう	【～荘】	〈名〉	0	…荘	

P 134 - 135

いらい	【以来】	〈名〉	1	自…以来，以后	
リフォーム（する）		〈名・动Ⅲ〉	2	翻修；翻新	工場を倉庫にリフォームする。
のんびり（する）		〈名・动Ⅲ〉	3	悠然自得，逍遥自在	休みの日は家でのんびりする。
ぼーっと（する）		〈名・动Ⅲ〉	0	发呆，出神	することがなくて、毎日ぼーっとしている。

単語	漢字	品詞	アクセント	意味	例文
みつかる	【見つかる】	〈动I〉	0	被看到，（能）找到	新しい趣味が見つかる。
どうじに	【同時に】	〈副〉	0	同时	父が帰宅すると同時に私が出かけた。
とざん（する）	【登山（する）】	〈名・动III〉	1	登山，爬山	富士山に登山する者が全国からやってきた。
ひっこし	【引越し】	〈名〉	0	搬家	
こうれい（か）	【高齢（化）】	〈名〉	0	高龄化	
かいごふくし	【介護福祉】	〈名〉	5	护理福利	
ぜいきん	【税金】	〈名〉	0	税款；捐税	
ともなう	【伴う】	〈动I〉	3	伴随，随着	時代の変化に伴って法律も変わる。
はんたいうんどう	【反対運動】	〈名〉	5	反对运动	
うりあげ	【売り上げ】	〈名〉	0	销售额，营业额	
える	【得る】	〈动II〉	1	得，得到，取得	情報を得るのが簡単になった。
こじんじょうほう	【個人情報】	〈名〉	4	个人信息	
もれる	【漏れる】	〈动II〉	2	泄露，遗漏	個人情報が漏れる。

第16課

ほいくえん	【保育園】	〈名〉	3	保育所	
しゅやく	【主役】	〈名〉	0	主角；主要人物	

········· P 136 - 137 ·········

かこ	【過去】	〈名〉	1	过去，既往	
みらい	【未来】	〈名〉	1	未来，将来	
きかん	【期間】	〈名〉	1	期间；期限	
きかい	【機会】	〈名〉	2	机会	
ならう	【習う】	〈动Ⅰ〉	2	学习	ダンスを習う。
しょどう	【書道】	〈名〉	1	书法，书道	
ぶひん	【部品】	〈名〉	0	零件，部件	
はいたつ（する）	【配達（する）】	〈名・动Ⅲ〉	0	投递，递送	荷物を配達する。

········· P 138 - 139 ·········

なつかしい	【懐かしい】	〈い形〉	4	怀念，眷恋	ああ、懐かしい。
こうはい	【後輩】	〈名〉	0	低年级同学；晚辈	

第16課

語	漢字	品詞	アクセント	中国語	例文
〜ぶり			0	相隔…之后	会うのが何年ぶりですか。
かくちょう(する)	【拡張(する)】	〈名・动Ⅲ〉	0	扩充；扩大；扩张	
だいにんき	【大人気】	〈名〉	3	大受欢迎	
しょうし(か)	【少子(化)】	〈名〉	0	少子化	
へる	【減る】	〈动Ⅰ〉	0	减少	子どもの数が減っている。
いれかえる	【入れ替える】	〈动Ⅱ〉	4	交换，更换	場所を入れ替える。
こくどう	【国道】	〈名〉	0	国道；公路	
かいはつ	【開発】	〈动Ⅲ〉	0	开发	新製品を開発する。
まちおこし	【町おこし】	〈名〉	3	城市振兴	
オープン(する)		〈名・动Ⅲ〉	1	开业；开张；开放	店がオープンする。
そうおん	【騒音】	〈名〉	0	噪音，噪声；嘈杂声	
プロフィール		〈名〉	3	人物简介，简历	
せいちょう(する)	【成長(する)】	〈名・动Ⅲ〉	0	成长，发育；生长	この企業は必ず成長する。

第16課

P 140 - 141

語	漢字	品詞	アクセント	意味	例文
とたん		〈名〉	0	正当…的时候，一…就…	
いえで（する）	【家出（する）】	〈名・动III〉	0	离家出走	こどもが家出する。
けいさつかん	【警察官】	〈名〉	4	警察	
あふれる		〈动II〉	3	充满；溢出	涙があふれてきた。
ひどい		〈い形〉	2	残酷,无情;粗暴,太过分	ひどいことを言った。
ふるえる	【震える】	〈动II〉	0	震动；发抖	私の声が震えていた。
にっこり		〈副〉	3	微微一笑	にっこりと笑った。
むかう	【向かう】	〈动I〉	0	朝着；对着	玄関の外に向かって話す。
すると		〈接〉	0	于是；那么说来	玄関の前に立った。すると、ドアが開いた。
こそこそ		〈副〉	1	偷偷摸摸；鬼鬼祟祟	玄関の外でこそこそと動く。
かげ	【影】	〈名〉	1	影，影子	

第17課

だきしめる	【抱きしめる】	〈动II〉	4	死守；紧抱；相拥；拥抱	すぐに光太郎を抱きしめた。
おまわりさん		〈名〉	2	警察	
こうばん	【交番】	〈名〉	0	派出所，治安岗亭	
ひょっこり		〈副〉	3	突然；偶然	彼がひょっこりやってきた。
あらわれる	【現れる】	〈动II〉	4	出现，出来，露出	月が現れた。
ふる		〈动I〉	0	挥，摇，摆	手をふる。
みおくる	【見送る】	〈动I〉	0	目送；送行，送别	光太郎は手をふって警察官を見送った。

....
P 142 - 143
....

かける		〈动II〉	2	盖上	ふとんをかけないで寝ていた。
きょうふう	【強風】	〈名〉	0	强风，烈风	
ミス（する）		〈名・动III〉	1	失误，错误	私がミスしたばかりに、彼女まで怒られてしまった。
いねむり（する）	【居眠り（する）】	〈名・动III〉	3	瞌睡，打盹	ちょっと居眠りした。
のりすごす	【乗り過ごす】	〈动I〉	4	坐过站	電車を乗り過ごした。
しんちょう	【身長】	〈名〉	0	身长，身高	

さかあがり	【逆上がり】	〈名〉	3	单杠卷身上	
～わすれる	【～忘れる】	〈動II〉	0	忘记…	家のかぎをかけ忘れた。
チャイム		〈名〉	1	门铃,铃声	
ひょうじょう	【表情】	〈名〉	3	表情,神情	
スーツ		〈名〉	1	西服,西服套装	
ぬぐ	【脱ぐ】	〈動I〉	1	脱下	靴を脱ぐ。
たちあがる	【立ち上がる】	〈動I〉	0	起立	立ち上がって教室を出た。

第17課

ちこく（する）	【遅刻（する）】	〈名・動III〉	0	迟到	会議に遅刻する。
わる	【割る】	〈動I〉	0	砸破；分割	窓を割る。
かざる	【飾る】	〈動I〉	0	装饰,修饰	花を部屋に飾る。
くうき	【空気】	〈名〉	1	空气	
リビング		〈名〉	1	起居室	
あたる	【当たる】	〈動I〉	0	碰上,撞上	カーテンが花瓶に当たった。
かびん	【花瓶】	〈名〉	0	花瓶	

ソファー		〈名〉	1	沙发	
あさねぼう(する)	【朝寝坊(する)】	〈名・动III〉	3	早晨睡懒觉	日曜日だから、朝ねぼうする。
ころぶ	【転ぶ】	〈动I〉	0	摔倒，滚，翻滚	滑って転んだ。
おなか		〈名〉	0	肚子	
わたす	【渡す】	〈动I〉	0	递交，给	書類を先生に渡す。
プリント		〈名〉	0	印刷，印刷品	
さく	【咲く】	〈动I〉	0	(花)开	花が咲く。
えだ	【枝】	〈名〉	0	树枝	
おる	【折る】	〈动I〉	1	折叠，折断，弯折	紙を折る。
ける		〈动I〉	1	踢，踹，蹬	けったボールが桜の枝に当たった。
すく		〈动I〉	0	饿，空	おなかがすく。

....
P 146
....

せいさん(する)	【精算(する)】	〈名・动III〉	0	细算；补交	切符を精算しようとした。

P 148

グラフ		〈名〉	1	图表	
にんずう	【人数】	〈名〉	1	人数	
わりあい	【割合】	〈名〉	0	比例；比较起来	
にっすう	【日数】	〈名〉	3	日数，天数	
しようかいすう	【使用回数】	〈名〉	6	使用次数	
かいすう	【回数】	〈名〉	3	回数，次数	
ねんだい	【年代】	〈名〉	0	年代，时代	
つれる		〈动Ⅱ〉	0	随着	日数が多くなるにつれて人数が減る。
だんだん		〈副〉	3	渐渐	空がだんだん暗くなります。
あがる	【上がる】	〈动Ⅰ〉	0	上涨，上升	値段が上がる。
したがう		〈动Ⅰ〉	0	随着	年齢が上がるにしたがって割合が減る。
どんどん		〈副〉	1	连续不断；顺利；旺盛	水がどんどん流れる。

第18課

P 150 - 151

もりあがる	【盛り上がる】	〈动Ⅰ〉	4	（气氛）热烈	パーティーが盛り上がる。
さんちょう	【山頂】	〈名〉	0	山顶，山巅	
くも	【雲】	〈名〉	1	云，云彩	
ちょうさ（する）	【調査（する）】	〈名・动Ⅲ〉	1	查，调查	人を調査する。
じょうしょう（する）	【上昇（する）】	〈名・动Ⅲ〉	0	上升，上涨	人気が上昇する。
はげしい	【激しい】	〈い形〉	3	激烈；好冲动；厉害	風が激しい。
おんだん（か）	【温暖（化）】	〈名〉	0	气候变暖	
いっぽう	【一方】	〈名〉	3	一个劲，只顾，越来越…	
くらし	【暮らし】	〈名〉	0	生活；家境	
しぜんかんきょう	【自然環境】	〈名〉	4	自然环境	
たいじゅう	【体重】	〈名〉	0	体重	
タイム		〈名〉	1	时间，比赛用时	

第18課

～い	【～位】		0	第…名	
さ	【差】	〈名〉	0	差距	
ちきゅう	【地球】	〈名〉	0	地球	
～じょう	【～上】		0	…上	地球上の天然資源は大事に使おう。
てんねん	【天然】	〈名〉	0	天然，自然	
しげん	【資源】	〈名〉	1	资源	
せっかく		〈副〉	0	好（不）容易，特地	せっかくもらった資料を間違って捨てました。

・・・・・・・・・・・・・・・・・・・・・・・・・
P 152 - 153
・・・・・・・・・・・・・・・・・・・・・・・・・

インフルエンザ		〈名〉	5	流行性感冒	
ひがい	【被害】	〈名〉	1	受害，損失	
おおそうじ	【大掃除】	〈名〉	3	大掃除	
ぞうか（する）	【増加（する）】	〈名・动III〉	0	増加	人口が増加している。
げんしょう（する）	【減少（する）】	〈名・动III〉	0	減少	事故が減少した。

第18課

しんこう（する）	【進行（する）】	〈名・动III〉	0	进行；进展；病情恶化	病気が進行している。
こうたい（する）	【後退（する）】	〈名・动III〉	0	后退，倒退	成績がだんだん後退する。
かこう（する）	【下降（する）】	〈名・动III〉	0	下降	温度の下降が激しい。
げらく（する）	【下落（する）】	〈名・动III〉	0	下跌；等级降低	価格が下落する。
ちぢむ	【縮む】	〈动I〉	0	收缩；起皱；畏缩	服が縮んだ。
しゅくしょう（する）	【縮小（する）】	〈名・动III〉	0	缩小，缩减	人員を縮小する。
ぐんぐん		〈副〉	1	用力；迅速地；不断地	ぐんぐん伸びる。
ますます		〈副〉	2	越来越，更加	人口はますます減少していく。
いっきに		〈副〉	1	一口气	本をいっきに読んでしまう。
ゆるやかな	【緩やかな】	〈な形〉	2	缓慢，缓和；宽松	川が緩やかに流れている。
じょじょに	【徐々に】	〈副〉	1	慢慢地；渐渐	徐々に下降する。
アイティー	【IT】	〈名〉	3	信息技术	
せ	【背】	〈名〉	1	个子，身高	
のびる	【伸びる】	〈动II〉	2	伸长，变长	背が伸びる。

第18課

たんご	【単語】		0	词，单词	
しんしょうひん	【新商品】	〈名〉	3	新产品	
はつばい（する）	【発売（する）】	〈名・动III〉	0	发售，上市	新製品が発売する。
かぶか	【株価】	〈名〉	2	股价	
はば	【幅】	〈名〉	0	宽；范围；幅度	
とおる	【通る】	〈动I〉	1	通过，通行	ここを通る。
きょり	【距離】	〈名〉	1	距离	

P 156

ニーズ		〈名〉	1	需要，需求	
こくせき	【国籍】	〈名〉	0	国籍	
がくしゅうしゃ	【学習者】	〈名〉	3	学習者	
おうじる	【応じる】	〈动Ⅱ〉	0	适应，按照	必要に応じて利用する。
クラスわけ	【クラス分け】	〈名〉	0	分班	
はんだん（する）	【判断（する）】	〈名・动Ⅲ〉	1	判断	意味から判断する。
ひょうか（する）	【評価（する）】	〈名・动Ⅲ〉	1	评价，好评	黒澤明監督の映画を評価する。
きじゅん	【基準】	〈名〉	0	标准，基准	
レベル		〈名〉	1	水平，水准	
かいとう（する）	【回答（する）】	〈名・动Ⅲ〉	0	回答，答复	問い合わせに回答する。
きほんてきな	【基本的な】	〈な形〉	0	基本的	基本的なことができる。
ぜん～もん	【全～問】			共…道题	
せんたく（する）	【選択（する）】	〈名・动Ⅲ〉	0	选择	読み物を選択する。
～しき	【～式】			…式	

第19課

もと		〈名〉	2	根本，基礎	テストの結果をもとにクラスを分ける。
とわず	【問わず】		2	不论，无论，不管	国籍を問わず申し込みを受けつける。
がくしゅう（する）	【学習（する）】	〈名・動III〉	0	学習	日本語を学習する。
しゅうだん	【集団】	〈名〉	0	集体，集団	
ちから	【力】	〈名〉	3	能力，力，力量	
ぎのう	【技能】	〈名〉	1	技能，本領	
しょしんしゃ	【初心者】	〈名〉	2	初学者	
じょうきゅう	【上級】	〈名〉	0	高級，高一級	
そうごう（する）	【総合（する）】	〈名・動III〉	0	综合	みんなの意見を総合して判断する。
ぶつり	【物理】	〈名〉	1	物理	
かがく	【化学】	〈名〉	1	化学	
せいぶつ	【生物】	〈名〉	1	生物	

P 158 - 159

第19課

とち	【土地】	〈名〉	0	土地；土壤；当地

れきし	【歴史】	〈名〉	0	历史
けいかく（する）	【計画（する）】	〈名・动III〉	0	计划，规划	旅行を計画している。
えん	【円】	〈名〉	1	圆；日元
アジア		〈名〉	1	亚洲
あたり	【辺り】	〈名〉	1	附近；大约
のうか	【農家】	〈名〉	1	农户；农家
さくもつ	【作物】	〈名〉	2	作物，农作物
こうこく	【広告】	〈名〉	0	广告
あわせる	【合わせる】	〈动II〉	3	配合，对照，合在一起	お客様の希望にあわせて設計する。
せっけいず	【設計図】	〈名〉	3	设计图
よさん	【予算】	〈名〉	0	预算
コース		〈名〉	1	套（餐），全席
ていあん（する）	【提案（する）】	〈名・动III〉	0	建议，提案	仕事について提案する。
きゅうりょう	【給料】	〈名〉	1	工资，报酬
しきゅう（する）	【支給（する）】	〈名・动III〉	0	支付，发给	給料を支給する。

第19課

じゅうみん	【住民】	〈名〉	0	居民	
こうそうビル	【高層ビル】	〈名〉	5	高楼；大厦	
けんせつ（する）	【建設（する）】	〈名・动III〉	0	建设，修建	町を建設する。
せいべつ	【性別】	〈名〉	0	性别	
きゅうじょう	【球場】	〈名〉	0	球场	
やね	【屋根】	〈名〉	1	屋顶，房顶	
いつでも		〈副〉	1	任何时候都…	いつでも連絡してください。
プレー（する）		〈名・动III〉	2	比赛，玩耍，表演	選手たちは一生懸命プレーする。

・・・・・・・・・・・・・・・・・・・・・・・・・ P 160 - 161 ・・・・・・・・・・・・・・・・・・・・・・・・・

しめす	【示す】	〈动I〉	2	出示；表示；指示	証明書を示す。
てきする	【適する】	〈动III〉	3	适合，适应	病人に適した食べ物。
～よう	【～用】		0	…用	
こうねつひ	【光熱費】	〈名〉	4	煤电费	
しぼう（する）	【志望（する）】	〈名・动III〉	0	志愿	有名大学を志望する。
しぼうこう	【志望校】	〈名〉	2	志愿报考的学校	

| せんたくき | 【洗濯機】 | 〈名〉 | 4 | 洗衣机 | |

P 162 - 163

かんとく	【監督】	〈名〉	0	导演，教练	
さつえい	【撮影】	〈名〉	0	摄影，摄像	
ぶたい	【舞台】	〈名〉	1	舞台；大显身手的地方	
じつわ	【実話】	〈名〉	0	实话，事实	
せんでんぶん	【宣伝文】	〈名〉	0	宣传用文章，广告	
ヒット（する）		〈名・动III〉	1	大受欢迎，走红	この映画は大ヒットした。
ふくおか	【福岡】	〈名〉	2	福冈（地名）	
えがく	【描く】	〈动I〉	2	画，描写	未来を心に描く。

P 164

単語	漢字	品詞	アクセント	意味	例文
やりぬく		〈動Ⅰ〉	3	彻底做，干到底，完成	受けた仕事を最後までやりぬく。
たのしみ	【楽しみ】	〈名・な形〉	3	期待，期盼	再会を楽しみにしている。
きょうちょう（する）	【強調（する）】	〈名・動Ⅲ〉	0	强調，极力主张	それは強調する価値がある。
さいご	【最後】	〈名〉	1	最后	
ぎゃくてん（する）	【逆転（する）】	〈名・動Ⅲ〉	0	反转；倒过来，扭转	試合の得点は逆転した。
ホームラン		〈名〉	3	本垒打	
しんじる	【信じる】	〈動Ⅱ〉	3	相信	この占いを信じる。
じょうはんしん	【上半身】	〈名〉	3	上半身	
ちゅうもく（する）	【注目（する）】	〈名・動Ⅲ〉	0	注目，注视	あまり注目されない。
スター		〈名〉	2	明星；星星	
どりょく（する）	【努力（する）】	〈名・動Ⅲ〉	1	努力	タバコを吸わないように努力する。

第20課

P 166 - 167

かんりょう（する）	【完了（する）】	〈名・动III〉	0	完了，完成	準備が完了した。
～にんまえ	【～人前】			…人份	
～おえる	【～終える】			…完	
きつい		〈い形〉	0	严厉的，苛刻的	きつい練習に耐えぬいた。
たえる	【耐える】	〈动II〉	2	忍耐；担负；对抗	耐えられないほど暑い。
おかげ		〈名〉	0	幸亏；恩惠	
すてる	【捨てる】	〈动II〉	0	扔掉，舍弃	ごみを捨てる。

P 168 - 169

さいちゅう	【最中】	〈名〉	1	正在…的时候	会議の最中に電話が鳴った。
たったいま	【たった今】	〈副〉	4	刚才，现在	昼ごはんはたった今食べ終わった。
ようやく		〈副〉	0	渐渐；好不容易，总算	ようやく春らしくなった。
ついに		〈副〉	1	终于	ついに約束の日が来た。

第20課

さぎょう(する)	【作業(する)】	〈名・動III〉	1	工作,操作	家で作業する。
だんかい	【段階】	〈名〉	0	阶段,等级	
ほうこく	【報告】	〈名〉	0	报告,汇报	
けんきゅう	【研究】	〈名〉	0	研究	
しらせる	【知らせる】	〈動II〉	0	通知	みんなに時間を知らせる。
めんきょ	【免許】	〈名〉	1	许可证,执照	
きょうしゅうじょ	【教習所】	〈名〉	0	驾校	
うんてん(する)	【運転(する)】	〈名・動III〉	0	驾驶,开车	車を運転する。
こうぎ(する)	【講義(する)】	〈名・動III〉	1	讲解;讲义	日本史について講義する。
いいかえる	【言い換える】	〈動II〉	4	换句话说,用另一种说法说	色々な表現を使って言い換える。
しんごう	【信号】	〈名〉	0	交通信号灯,信号	
ぶあつい	【ぶ厚い】	〈い形〉	0	厚厚的,相当厚	ぶ厚い小説を読む。
いぬごや	【犬小屋】	〈名〉	0	狗窝	
ぬる	【塗る】	〈動I〉	0	涂,擦	色を塗る。

P 170 - 171

きねん	【記念】	〈名〉	0	纪念	
のこる	【残る】	〈动Ⅰ〉	2	留，剩余	材料が残る。
がくせいじだい	【学生時代】	〈名〉	5	学生时期	
のぼる	【登る】	〈动Ⅰ〉	0	爬，攀登	富士山に登る。
ちょうじょう	【頂上】	〈名〉	3	山顶；极点，顶点	
あさひ	【朝日】	〈名〉	1	朝日，旭日	
へいき（な）	【平気（な）】	〈名・な形〉	0	冷静，镇静；无动于衷	平気な顔をする。

第20課